Nunca Demasiado Viejo Para Un Propósito

John Stanko

Nunca Demasiado Viejo Para Un Propósito
by Dr. John Stanko
Copyright ©2025 Dr. John Stanko

Traducido por M.A Yair Herrera F
Derechos de autor, 2025 M.A Yair Herrera F

Todos los derechos reservados. Este libro está protegido por las leyes de derechos de autor de los Estados Unidos de América. Este libro no puede ser copiado o reimpreso para obtener ganancias o beneficios comerciales. Se permite y fomenta el uso de citas cortas o copias ocasionales de páginas para el estudio personal o grupal. El permiso se otorgará previa solicitud.

A menos que se identifique lo contrario, la Escritura tomada de la SANTA BIBLIA, NUEVA VERSIÓN® INTERNACIONAL. Copyright © 1973, 1978, 1984 por la Sociedad Bíblica Internacional. Utilizado con permiso de zondervan Publishing House. Todos los derechos reservados.

ISBN 978-1-63360-326-4

Para distribución mundial impreso en los EE.UU.

Urban Press
P.O. Box 5044
Williamsburg, VA 23188-5200 USA
www.urbanpress.us

INTRODUCCIÓN		v
Estudio #1	Viejos Pensamientos	1
Estudio #2	Corre la Carrera	4
Estudio #3	Termina Bien	7
Estudio #4	Dispensadores de Sabiduría	10
Estudio #5	Una Fe Que Crece y Madura Contigo	13
Estudio #6	La Madre de la Fe	16
Estudio #7	Casi Muerto	19
Estudio #8	Morir en Fe	22
Estudio #9	¿Quieres Ser Mi Vecino?	25
Estudio #10	Servir a Los Jóvenes	28
Estudio #11	Corre Tu Carrera	31
Estudio #12	El Beneplácito de Dios	34
Estudio #13	Canas	37
Estudio #14	¿Prosperar o Simplemente Sobrevivir?	40
Estudio #15	Un Regalo de Dios	43
Estudio #16	El Camino Que Debes Seguir	46
Estudio #17	Depresión	48
Estudio #18	El Razonamiento de la Fe	51
Estudio #19	Tu Legado	54
Estudio #20	Hasta el Final	56
Estudio #21	Comparte Tu Sabiduría	58
Estudio #22	Límites de Mandato	60
Estudio #23	Una Corona de Esplendor	63
Estudio #24	Decide Ahora	66
Estudio #25	El Tiempo de Morir	68

Introducción

Después de lanzar mi libro *Nunca Demasiado Joven para un Proposito (Never Too Young for Purpose)*, estaba desayunando con un amigo que me dijo: "Asegúrate de escribir algo sobre nosotros, las personas mayores, y nuestra necesidad de no jubilarnos, sino de mantenernos enfocados y con un propósito". Y dado que tengo 75 años mientras escribo, parece apropiado que siga el consejo de mi amigo y escriba un libro sobre la otra cara de "nunca demasiado joven", que obviamente es "nunca demasiado viejo".

Algunas culturas modernas legislan cuando sus ciudadanos deben ser considerados "viejos", recomendando u ordenando que se retiren a cierta edad. Otras culturas retratan los últimos años de alguien como un momento para retirarse de sus trabajos, lo que lleva a algunos a creer que su jubilación es un derecho. No estoy de acuerdo con ninguna de esas posturas. El propósito no viene con una fecha de vencimiento o una etiqueta de "no usar después de tal y tal fecha". Por ejemplo, el Papa Juan XXIII se convirtió en Papa a la edad de setenta y seis años. Golda Meir se convirtió en primera ministra de Israel a los setenta y un años. George Bernard Shaw tuvo una obra producida cuando tenía ochenta y cuatro años.

Cuando consideramos los modelos a seguir de la Biblia, vemos que Moisés tenía 80 años cuando comenzó una nueva carrera para el tercio restante de su vida (y veremos a Moisés en los próximos capítulos). Pero es Caleb, el hombre que espió la tierra y regresó para dar un informe de buena fe, quien se destaca como el mejor modelo para nuestros últimos años:

> "Ahora, como puedes ver, en todos estos cuarenta y cinco años desde que Moisés hizo esa promesa, el Señor me ha mantenido con vida y buena salud tal como lo prometió, incluso mientras Israel andaba vagando por el desierto. Ahora tengo ochenta y cinco años. Estoy tan fuerte hoy como cuando Moisés me envió a esa travesía y aún puedo andar y pelear tan bien como lo hacía entonces. Así que dame la zona montañosa que el Señor me prometió. Tú recordarás que, mientras explorábamos, encontramos allí a los descendientes de Anac, que vivían en grandes ciudades amuralladas. Pero si el Señor está conmigo, yo los expulsaré de la tierra, tal como el Señor dijo". (Josué 14:10-12).

Obviamente, a menos que el Señor regrese, ninguno de nosotros saldrá vivo de aquí. Todos moriremos, ¡pero eso no significa que tengamos que cooperar con el proceso! La Biblia define claramente la muerte como un enemigo y a los enemigos se les opone y combate. La mejor manera de luchar contra tu inevitable fallecimiento es participar en actividades con propósito hasta que ya no puedas realizarlas. Incluso entonces, puedes crear un legado de propósito que puede perdurar e impactar a las personas mucho después de que te hayas ido.

¿Cuál es tu idea de "envejecer"? ¿Estar sentado en tu casa viendo películas viejas? Si crees que eres demasiado viejo, entonces cumplirás tus propios pensamientos y así te descalificarás de una vida con propósito. **¿En qué parte de las Escrituras se menciona la palabra *retiro*? ¿Tu interpretación de tus últimos años está moldeada por normas culturales o por la Biblia?** Quiero que el mío esté informado e inspirado por la palabra de Dios, por lo que oro "¡Ponme a jugar, entrenador!" al comenzar mi 75º años. Quiero ser un Caleb en mi generación.

Tengo la experiencia, la educación, la salud y el deseo de continuar impactando vidas y ayudar a construir el reino de Dios, y ciertamente la necesidad está presente no solo en mi nación sino en el mundo. Estoy haciendo lo que puedo ahora para tocar a la gente a través de mis viajes y las redes sociales. Mientras lo hago, estoy creando un sendero que ayudará a las personas a navegar su búsqueda de propósito incluso después de que yo me haya ido.

El formato de este libro es el mismo que el de muchos de mis otros proyectos y el mismo que *Nunca Demasiado Joven para un Proposito* (*Never Too Young for Purpose*). Escribiré un breve capítulo usando principios y ejemplos de la Biblia para ilustrar lo que estoy diciendo. Como es mi costumbre, incluiré preguntas en la mayoría de los capítulos para ayudarte a aplicar y comprender lo que lees. Las preguntas estarán en negrita para que "salten" y no se puedan perder. En este libro, ya que estoy oficialmente entre los "viejos", incluiré más ilustraciones personales que en mis otros libros.

Por lo tanto, los invito a unirse a mí ahora mientras examinamos juntos la verdad de que mi premisa "nunca demasiado viejo para un propósito" es verdadera para que sepas cómo prepararte para la vejez, o aprovecharla al máximo si ya has llegado. Que Dios nos hable y nos dirija mientras estudiamos y caminamos juntos.

John W. Stanko
Pittsburgh, Pensilvania
Octubre 2025

Traducido por:
Yair Herrera F.
Barranquilla, Colombia
Octubre 2025

Estudio 1
Viejos Pensamientos

En algunas de mis sesiones de coaching de propósito, escucho a la gente decir que son "viejos". Piensan que deberían estar más avanzados en su propósito de lo que están y, por lo tanto, temen que se les esté acabando el tiempo. Ahora que estoy en mis setentas, es gracioso escuchar a alguien que está en sus cuarenta o cincuenta decirme que es viejo. Mi respuesta habitual es: "¿Viejo? No eres viejo. ¡Tengo lápices y calcetines más viejos que tú!"

El problema que voy a abordar es su forma de pensar, porque tienen lo que yo llamo "viejos pensamientos" y los viejos pensamientos te harán y te mantendrán viejo, incluso cuando seas joven. Vemos a alguien más en la Biblia que también tuvo un problema con los viejos pensamientos:

> Zacarías le dijo al ángel: —¿Cómo puedo estar seguro de que ocurrirá esto? Ya soy muy anciano, y mi esposa también es de edad avanzada. Entonces el ángel dijo: —¡Yo soy Gabriel! Estoy en la presencia

misma de Dios. ¡Fue él quien me envió a darte esta buena noticia! Pero ahora, como no creíste lo que te dije, te quedarás mudo, sin poder hablar hasta que nazca el niño. Te aseguro que mis palabras se cumplirán a su debido tiempo. (Lucas 1:18-20).

Cuando Zacarías afirmó que era demasiado viejo, casi puedo ver la expresión de asombro en el rostro de Gabriel: "¿Qué quieres decir con que eres demasiado viejo? Te acabo de decir la voluntad de Dios para tu vida y me estás diciendo que no se puede hacer. ¡Estoy conmocionado! ¿Sabes quién soy? ¿Sabes a quién represento?" Parece que el ángel se encargó entonces de sentenciar a Zacarías a nueve meses de silencio para que reconsiderara y se arrepintiera de su mentalidad anticuada.

No tienes que ser viejo para tener viejos pensamientos. Mis amigos en sus cincuentas que dicen que son viejos tienen viejos pensamientos. Puedes estar en tus treintas y tener pensamientos de lo que es ser viejo. Piensas que cuando seas viejo, significa que tu salud va a fallar. Cuando eres viejo, tienes menos energía. Cuando eres viejo, pierdes la memoria. Cuando eres viejo, aumentas de peso. Esos son viejos pensamientos y si los fomentas y proteges, se convertirán en realidad, ¡mientras aún eres joven!

Zacarías tuvo nueve meses para pensar en la locura de sus suposiciones y cuando nació su hijo, esto es lo que sucedió:

> Entonces, le preguntaron por gestos al padre cómo quería que se llamara. Zacarías pidió con señas que le dieran una tablilla para escribir y, para sorpresa de todos, escribió: "Su nombre es Juan". Al instante Zacarías pudo hablar de nuevo y comenzó a alabar a Dios. (Lucas 1:62-64).

Tus últimos años no están destinados a ser pasados sentados frente a una ventana o una computadora mientras ves pasar el mundo. Tienes un propósito para toda la vida y los viejos pensamientos no te ayudarán a cumplirlo. Y cuando, como Zacarías, piensas o dices: "Soy demasiado viejo", estás ignorando y deshonrando lo que el ángel le dijo más tarde a María: "37 porque nada hay imposible para Dios." (Lucas 1:37). Tu vejez es solo otra oportunidad para que muestres la gloria y la majestad del poder de Dios, pero no podrás hacerlo a menos que limpies tu cuarto de san alejo o de cachivaches lleno de viejos pensamientos, ahora mismo mientras aún eres joven.

Estudio 2
Corre la Carrera

Cuando las personas reflexionan sobre los acontecimientos actuales y escuchan algunas de las enseñanzas sobre el fin de los tiempos, a menudo me preguntan: "¿Crees que el fin está cerca?" Si alguna vez me has preguntado eso, entonces sabrás que mi respuesta estándar es "Sí, para mí está más cerca que nunca". Y también está más cerca para ti. Ninguno de nosotros va a salir vivo de aquí y, a menos que el Señor regrese, cada uno de nosotros se enfrenta a un final que está en algún lugar de nuestro futuro—el cual pudiera ser mañana. Pablo también tuvo que enfrentarse a esta pregunta y a la cruda realidad:

> En cuanto a mí, mi vida ya fue derramada como una ofrenda a Dios. Se acerca el tiempo de mi muerte. He peleado la buena batalla, he terminado la carrera y he permanecido fiel. (2 Timoteo 4:6-7, NTV).

Veamos rápidamente lo que esos versículos tienen que decirnos.

Primero, Pablo vio que su vida había sido derramada como una "bebida de ofrenda". Una bebida de ofrenda debía acompañar algunos sacrificios de animales y generalmente era vino. Se vertía en el fuego del sacrificio y, aunque había algunos restos del animal sacrificado, la bebida de ofrenda desaparecía en el silbido del líquido que se encontraba con una llama caliente. Así es como Pablo vio su vida, como si hubiera sido derramada, sin apenas dejar rastros visibles de ella.

Segundo, Pablo vio que su muerte estaba cerca. No parece que estuviera siendo morboso o revolcándose en la autocompasión. Simplemente se enfrentaba al hecho de que sus días estaban contados. Mientras escribo, he vivido más de 27.000 días. Si vivo otros diez años, ¡eso significa que me quedarían unos 3.650 días! Cuando lo veo así, significa que mi muerte, al igual que la de Pablo, está cerca. De hecho, podría ser más temprano que tarde. Es por eso que no quiero pasar esos últimos días en una actividad frívola, pensando que la iglesia, el Señor o la sociedad me deben algo mientras me siento y espero mi fin.

Pero entonces Pablo mira hacia atrás a su bebida de ofrenda que fue su vida y declara: "He peleado la buena batalla, he acabado la carrera, he guardado la fe". Para que Pablo dijera que había terminado la carrera, tenía que saber cuál era su carrera. Si peleaba la buena batalla, tenía que saber qué y contra quién había estado luchando. Y para declararse fiel, tenía que haber hecho lo que la lucha y la carrera requerirían que hiciera para ganar. Eso indica que conocía su propósito, que había derramado su vida para cumplirlo y que en ese momento estaba dando un paso atrás para reflexionar sobre el viaje.

Te invito a que te unas a mí mientras seguimos el ejemplo decidido de Pablo. Después de que Pablo escribió esas palabras en los versículos seis y siete, añadió: "Pero el Señor estuvo a mi lado y me dio fuerzas, a fin de que yo pudiera predicar la Buena Noticia en toda su plenitud, para que todos los gentiles la oyeran. Y él me libró de una muerte segura". (2 Timoteo 4:17).

Pablo conocía su propósito, que era llevar el evangelio a los gentiles. Se enfrentaba a la oposición, pero vio que Dios lo estaba fortaleciendo y que preservaría su vida hasta que llegara a la meta. Todavía tenía trabajo que hacer e instó a Timoteo a que se uniera a él donde estaba lo antes posible.

¿Conoces tu propósito? ¿Lo estás cumpliendo? ¿Estás contento en este momento de tu vida con ser "derramado como una bebida de ofrenda", tal vez menos visto pero aún escuchado mientras sirves a las necesidades de los demás? ¿Está ayudando al joven Timoteo en su trabajo de propósito, proporcionando la sabiduría y la perspectiva que solo la edad puede producir?

Quiero hacer una autoevaluación como Pablo y ser preciso al decir: "Sí, hice lo que se suponía que debía hacer. Fui fiel. Y ahora está en manos de Dios". Que Dios te dé la gracia y la vitalidad en tus últimos años para decir lo mismo.

Estudio 3
Termina Bien

En esta tercera lección de 'Nunca demasiado viejo para un propósito', observamos a un hombre que parece ser viejo en el momento de la historia que se relata en Lucas 2:

> En ese tiempo, había en Jerusalén un hombre llamado Simeón. Era justo y devoto, y esperaba con anhelo que llegara el Mesías y rescatara a Israel. El Espíritu Santo estaba sobre él y le había revelado que no moriría sin antes ver al Mesías del Señor. Ese día, el Espíritu lo guio al templo. De manera que, cuando María y José llegaron para presentar al bebé Jesús ante el Señor como exigía la ley, Simeón estaba allí. Tomó al niño en sus brazos y alabó a Dios diciendo: "Señor Soberano, permite ahora que tu siervo muera en paz, como prometiste. [...]". (Lucas 2:25-29).

Echemos un vistazo a algunas lecciones de Simeón que pueden ayudarte más adelante en la vida a medida que sirves al Señor por medio de tu propósito.

1. No tienes que tener un título para

que Dios te use. Simeón no era parte de la familia sacerdotal, sino que simplemente se le identificaba como un hombre "justo y piadoso". El Espíritu le reveló algo que no reveló a los que tenían un título oficial o una posición en el Templo.

2. **Estar en contacto con el Espíritu es la clave para la eficacia continua del Señor**. El Espíritu Santo se menciona tres veces en tres versículos. Su vejez no es garantía de sabiduría o discernimiento espiritual, pero su relación con el Espíritu Santo es la garantía que Dios puede y te va a usar.

3. **Nunca demasiado viejo para obedecer**. El Espíritu se movió sobre Simeón para entrar en los atrios del templo. No parece que le dijeran porqué iba, simplemente fue como lo había hecho muchas veces antes. En esta ocasión, su obediencia fue recompensada cuando vio a Jesús y a sus padres como el cumplimiento de la promesa del Espíritu.

4. **Cuando seas viejo, puedes servir para dirigir, animar e instruir a los jóvenes**. Simeón continuó diciendo que Jesús era el Mesías, que Él era el camino para que los gentiles vinieran a Dios, que la vida de Jesús sería controvertida y que Su vida sería una fuente de dolor para María.

5. **Simeón terminó bien**. Simeón no se había retirado, pero se interesó por las cosas de Dios hasta el fin de sus días.

Dios lo usó de una manera especial que impresionó a Lucas de manera que incluyó la historia en su relato del evangelio cuando los otros escritores no lo hicieron.

Simeón era un anciano feliz porque Dios le había hecho una promesa a él y a Israel. Entonces, por alguna razón, el Espíritu había escogido mostrarle a Simeón el cumplimiento de esa promesa.

¿Estás listo para aceptar el papel que Dios tiene para ti en tus últimos años, incluso si no tienes un título o papel oficial? ¿Estás dispuesto a ayudar a otros a entender su rol en la vida compartiendo tu perspectiva y visión espiritual con ellos? ¿Estás escuchando al Espíritu y lo que Él está haciendo, incluso si no llegas a vivir lo suficiente para verlo o disfrutarlo?

Simeón no se había retirado. En lugar de eso, estaba observando y esperando, y fue recompensado con buenas noticias. Te insto a que sigas Sus pasos y te prepares para una vida significativa que perdure incluso en tus últimos días para que puedas terminar tan bien como viviste.

Estudio 4
Dispensadores de Sabiduría

A medida que avanzamos en nuestro tema 'Nunca demasiado viejo para un propósito', vemos llegar a otro mensajero después de que Simeón terminó de hablar con la familia de Jesús en el Templo:

> En el templo también estaba Ana, una profetisa muy anciana, hija de Fanuel, de la tribu de Aser. Su esposo había muerto cuando solo llevaban siete años de casados. Después ella vivió como viuda hasta la edad de ochenta y cuatro años. Nunca salía del templo, sino que permanecía allí de día y de noche adorando a Dios en ayuno y oración. Llegó justo en el momento que Simeón hablaba con María y José, y comenzó a alabar a Dios. Habló del niño a todos los que esperaban que Dios rescatara a Jerusalén (Lucas 2:36-38).

Ana había estado casada durante siete años cuando su esposo murió y tenía 84 años cuando conoció a Jesús, por lo que probablemente había sido viuda durante más de sesenta años. Fue reconocida como profeta (demasiado para aquellos que piensan que a las mujeres no se les debe permitir un papel ministerial) y probablemente se le dio alojamiento en el Templo, razón por la cual estaba allí "día y noche".

Así que, aunque Ana tenía un título y un lugar en la "iglesia" de su época, ya pocas personas la escuchaban. Sin embargo, ella continuó haciendo fielmente lo que sabía hacer y Dios estaba mirando. Aunque los sacerdotes y otros funcionarios habían hecho caso omiso de su ministerio hacía mucho tiempo, ella fue directamente a algunas de las "personas comunes", a saber, José y María, para compartir lo que Dios le había mostrado con respecto a su hijo. No se nos dice si pudo pasar esa información a alguien más.

Si envejeces en el Señor, acumularás sabiduría a partir de tus experiencias. No todo el mundo querrá la sabiduría que puedes dispensar, pero algunos sí. Y debes posicionarte, como lo hizo Ana, para poder compartir lo que ves y sabes con aquellos que te escucharán. Eso significa que tendrás que aceptar un papel disminuido a los ojos de algunos, pero no a los ojos de Dios. ¿Cómo supo Lucas de esta historia entre Ana y Jesús? Sin duda, María se lo dijo cincuenta años después, cuando la entrevistó mientras escribía su relato evangélico.

¿Estás dispuesto a aceptar un papel más pequeño, pero aún importante en el plan maestro de Dios a medida que envejeces? ¿Estás dispuesto a guiar y dirigir a los jóvenes, a aquellos que están dispuestos a escuchar? ¿Puedes ser fiel a hacer lo que sabes hacer, ya sea que tengas audiencia o no?

Mientras escribo, tengo 75 años. Ya no tengo un papel en una iglesia local; esos ahora están ocupados por hombres más jóvenes. Pero escribo, consulto, asesoro, edito y entreno a medida que Dios provee las oportunidades en todo el mundo. Estoy trabajando diligentemente para proporcionar un legado de material en las redes sociales y a través de mis libros que Dios pueda usar ahora o después de que me haya ido de la manera que Él elija, lo que incluye no usarlos en absoluto. Te invito a unirte a mí como dispensador de sabiduría para aquellos que están dispuestos y son capaces de escuchar.

Y una cosa más: si eres joven y estás leyendo esto, espero que vivas una larga vida. Pero si lo haces, ten en cuenta que un día estarás donde yo estoy hoy. Así que tómate un momento de vez en cuando para prestar atención a lo que una persona mayor tiene que decir, porque un día estarás buscando los mismos oídos atentos que esperamos encontrar hoy.

Estudio 5
Una Fe Que Crece y Madura Contigo

Hay un viejo proverbio que dice que los viejos mueren y los jóvenes pueden morir. Esa es la realidad de la vida y de la muerte. A menos que el Señor regrese, ninguno de nosotros saldrá vivo de aquí. Sin embargo, hubo al menos un hombre que encontró el secreto de una transición tranquila y el nombre de ese hombre era Enoc:

> Fue por la fe que Enoc ascendió al cielo sin morir; "desapareció, porque Dios se lo llevó". Pues antes de ser llevado, lo conocían como una persona que agradaba a Dios. De hecho, sin fe es imposible agradar a Dios. Todo el que desee acercarse a Dios debe creer que él existe y que él recompensa a los que lo buscan con sinceridad (Hebreos 11:5-6).

No estamos exactamente seguros de lo que le sucedió a Enoc, pero parece que hizo su transición de la vida como lo había hecho Elías, quien fue llevado al cielo en un carro de fuego. Pero el punto en el que quiero enfocarme en este capítulo es que el contexto de la vida y muerte de Enoc preparó el escenario para la cita más famosa de la Biblia sobre la fe: "sin fe es imposible agradar a Dios".

Lo que le sucedió a Enoc ocurrió porque tenía fe en Dios, no solo cuando era joven, sino durante toda su vida. Su fe fue lo que impulsó su transición de esta vida a la siguiente. Su fe era el común denominador y expresión entre su vida actual y la vida en el cielo. No estoy insinuando que, si eres mayor y tienes fe, serás como Enoc y de alguna manera desaparecerás sin dejar rastro. Sin embargo, estoy sugiriendo que Dios ve tu fe y te ayudará a hacer tu transición celestial mientras vives tus últimos días sirviéndole.

A menudo he dicho que preferiría morir en la fe que vivir en la presunción o el miedo. Y, por lo tanto, tengo fe en las cosas que pueden no suceder hasta que yo me haya ido, y estoy bien con eso. Escribo con fe para redactar un éxito en ventas (bestseller). Vivo en fe por mis hijos y nietos, sobrina y sobrino. Y sí, tengo fe para el final de mis días en que glorificaré a Dios hasta el final, dando fruto para el Reino y glorificándolo por la obra que ha hecho en mi vida.

¿Vives en la fe actual o en la fe que tenías cuando eras joven? ¿Dónde está el enfoque de tu fe si eres mayor? (¿Dónde está si eres más joven?) ¿Sigues siendo productivo para Él? ¿Puedes describir tus proyectos de fe que confías en Dios en esta vida para que los haga y veas, o que morirás esperando que finalmente se realicen?

Enoc estaba tan consumido y viviendo por la fe que se graduó a la gloria sin una ceremonia. Esa es mi meta también, que mi fe me lleve a la siguiente etapa de mi existencia en la que continuaré sirviendo a Dios. Te invito a unirte a mí en ese viaje de fe sin importar dónde te encuentres en tu propia vida, porque todos nosotros, jóvenes y viejos, solo agradaremos a Dios viviendo y muriendo en la fe.

Estudio 6
La Madre de la Fe

En la historia de Abraham y Sara, Abraham recibe la mayor parte de la atención por su fe, pero no estaba solo en su camino de fe:

> Por la fe también la misma Sara, siendo estéril, recibió fuerza para concebir; y dio a luz aun fuera del tiempo de la edad, porque creyó que era fiel quien lo había prometido. (Hebreos 11:11).

Otra traducción lo dice de esta manera: "Ella creyó que Dios cumpliría su promesa" (NTV). Sara confiaba en Dios junto con Abraham y unidos produjeron frutos de fe que se han presentado como un modelo a seguir para todos a través de los siglos.

En este libro, estamos viendo a las personas en la Biblia que estaban cumpliendo su propósito en sus últimos años, por lo que hemos llegado a la historia de Sarah en este capitulo. El viaje de fe de Sara no fue perfecto lo cual significa que el tuyo tampoco tiene por qué serlo:

> ¿Dónde está Sara, tu esposa?—preguntaron los visitantes.—Está dentro de la carpa—contestó Abraham. Entonces uno de ellos dijo:—Yo volveré a verte dentro de un año, ¡y tu esposa, Sara, tendrá un hijo!

Sara escuchaba la conversación desde la carpa. Abraham y Sara eran muy ancianos en ese tiempo, y hacía mucho que Sara había pasado la edad de tener hijos. Así que se rio en silencio dentro de sí misma, y dijo: "¿Cómo podría una mujer acabada como yo disfrutar semejante placer, sobre todo cuando mi señor—mi esposo—también es muy viejo?".

Entonces el Señor le dijo a Abraham: —¿Por qué se rio Sara y dijo: "¿Acaso puede una mujer vieja como yo tener un bebé?"? ¿Existe algo demasiado difícil para el Señor? Regresaré dentro de un año, y Sara tendrá un hijo. Sara tuvo miedo, por eso lo negó: —Yo no me reí. Pero el Señor dijo: —No es cierto, sí te reíste (Génesis 18:9-15).

¿Qué aprendemos acerca de Sara en este pasaje? Al principio, su pensamiento no era consistente con el pensamiento de la fe. Era mayor y asumió que había ciertas cosas que no podía hacer a su edad, y una de ellas era tener un bebé. Ella se burló de tal idea, pero luego descubrió que Dios conocía sus pensamientos y estaba listo para revelarlos como una señal de Su promesa, no para condenarla, sino para revelar Su poder. Entonces Sara mintió, negando que se hubiera reído en absoluto, pero Dios estaba revelando que Él no podía mentir.

La belleza de la historia es que ninguna de las debilidades de Sara, ni físicas ni mentales, la descalificaron para recibir la promesa o su cumplimiento. Hebreos 11 no se enfoca en su debilidad o duda; Respalda su fe. Y esa es una buena noticia para ti y para mí, porque aunque Dios está íntimamente familiarizado con nuestros pensamientos y acciones, todavía está dispuesto a usarnos, siempre y cuando permitamos que nuestra fe y no nuestra duda tenga la última palabra.

¿Sobre qué has dicho, "soy demasiado viejo"? ¿Dónde te has reído de la idea de hacer algo para Dios que querías hacer cuando eras joven, pero que te has descalificado debido a tu edad? Y si eres joven, ¿tienes la idea de que cuando eres viejo, tú (y los demás) son bastante impotentes en lo que respecta al propósito y al servicio a Dios? Si lo has hecho, te das cuenta de que es un pensamiento errado?

Si Abraham es el padre de la fe, supongo que eso hace que Sara sea la madre de la fe. Decídete a seguir el ejemplo de ambos a lo largo de tu vida y eso asegurará que tú, como ellos lo hicieron, vivirás una vida de fe con propósito todos los días que Dios te permita tener.

Estudio 7
Casi Muerto

Hebreos 11 tiene mucho que decir acerca de Abraham, pero centrémonos en este versículo:

Y así, de este hombre [Abraham], y él casi muerto, salieron descendientes tan numerosos como las estrellas del cielo y tan innumerables como la arena a la orilla del mar (Hebreos 11:12).

Probablemente conozcas la historia. Abraham y Sara no podían tener hijos, trataron de tener uno a través de una madre sustituta, y cuando casi se habían dado por vencidos en lo natural, Dios se movió y Sara quedó embarazada. Tendemos a idealizar historias como esta porque la Biblia cubre los años en los que ocurrieron muy rápidamente. Pero ponte en el lugar de Abraham y Sara.

Tenían que cambiar pañales y caminar con su hijo enfermo, en su vejez. Tenían que cocinar y hacer una vida para su hijo, en su vejez. Tuvieron que entrenar y enseñar a Isaac los caminos de la vida y los caminos del Señor, en su vejez. Abraham tuvo que llevar a Isaac a la montaña para sacrificar en su vejez. Estoy seguro de que tuvieron ayuda, pero aún así, un niño que llegaba a los noventa años era una gran interrupción de la vida tal como la habían conocido.

Y ahora tienes el reto de aprender y ser como Abraham. Eso significa que debes confiar en Dios para que haga algo: tu negocio, ministerio, educación o provisión. Estás esperando, esperando, orando y preparándote, pero el cumplimiento de tu promesa o sueño está en las manos de Dios. Entonces, **¿qué pasa si Él no se "mueve" o actúa hasta que estás en una edad en la que pensaste: "es demasiado tarde"?**

Tengo 75 años mientras escribo. Viajaré 100,000 millas este año. Con la ayuda de Dios, escribiré cinco libros. Trabajo seis días a la semana, generalmente de 6 am a 8 pm. Y no hay un final a la vista. He hecho esta oración: "Ponme a jugar, entrenador" y Él lo ha hecho y lo está haciendo. Al igual que Abraham, ya pasé mi mejor momento, pero también como Abraham, estoy disponible para Dios para que podamos cumplir Su propósito en y a través de mí.

No estoy interesado en la jubilación porque, como alguien dijo una vez: "¿Por qué dejaría de hacer lo que amo para no hacer nada?" Mi última visita al médico me dio el visto bueno en todas las áreas, pero sé que eso puede cambiar sin previo aviso. Así que, a pesar de que, al igual que Abraham, estoy "casi muerto" y en la última parte de mi vida, estoy vivo en Cristo para hacer todas las cosas que Él me pone delante para hacer

¿Y tú? ¿Qué mentalidad tienes? ¿Estás pensando: "Estoy como muerto" y actúas como tal? ¿Tienes miedo de probar algo nuevo o pasar a expresiones de tu propósito creativo que no has probado antes porque crees que eres demasiado viejo, temes que algo "malo" suceda? ¿Estás usando la excusa de "soy demasiado viejo", o pensando: "Tengo cuarenta años y Dios tiene que moverse ahora o será demasiado tarde",

La verdad es que nunca es demasiado tarde cuando estás en tu propósito. Eres demasiado viejo para un propósito si aceptas ese pensamiento y luego lo actúas. O puedes ser como Abraham, viendo tu mejor fruto en tus últimos años, porque supiste cómo sacar fuerzas del Señor mientras caminas en obediencia a Su voluntad para tu vida, para la cual nunca eres demasiado viejo.

Estudio 8
Morir en Fe

Hemos analizado a los hijos de José, pero ahora retrocedamos y echemos un vistazo a José en nuestra serie titulada "Nunca demasiado viejo para un propósito".

Por la fe José, al fin de su vida, se refirió a la salida de los israelitas de Egipto y dio instrucciones acerca de sus huesos (Hebreos 11:22, NTV).

José había escuchado las historias de Jacob, su padre, de que Dios le iba a dar la tierra al pueblo de acuerdo con la promesa que le hizo a Abraham. José puso su fe en esa promesa y confió en que se cumpliría, a pesar de que José mismo había estado en Egipto durante 80 años cuando estaba a punto de morir. Para entonces, la población de su pueblo en Egipto estaba creciendo a tal punto que parecía casi imposible que pudieran regresar algún día al lugar donde habían enterrado a Jacob, pero José creía que eso iba a suceder.

Es más, José dejó un mandato en su última voluntad y testamento y fue que el pueblo se llevara sus huesos cuando regresaran. Eso indicó que José no creía que el regreso fuera a ocurrir pronto, pero iba a suceder y él quería ser parte de ello. Ocurriría casi cuatro siglos después de su muerte.

Esto me hace pensar en lo que Pablo escribió en 2 Corintios, citando el Salmo 116:10: "Creí en ti, por tanto dije: "Señor, estoy muy afligido".

"Puesto que tenemos ese mismo espíritu de fe, también creemos y por eso hablamos." **¿Qué hizo José en su vejez? ¿Cómo pudo cumplir su propósito de gobernar a su familia como Dios había prometido?** Dirigió el enfoque de su fe a la promesa de Dios que regresarían a su hogar hablando palabras de fe.

Luego leemos el informe en Éxodo que tuvo lugar cientos de años después de la muerte de José: "Moisés se llevó consigo los huesos de José porque José había hecho jurar a los israelitas. Había dicho: "Moisés llevó consigo los restos de José, porque José había hecho jurar a los hijos de Israel que así lo harían cuando dijo: "Pueden estar seguros de que Dios vendrá a ayudarlos. Cuando eso suceda, llévense de aquí mis restos con ustedes". (Éxodo 13:19). José tomó una decisión de fe en su lecho de muerte: "Todas estas personas murieron aún creyendo lo que Dios les había prometido. Y aunque no recibieron lo prometido, lo vieron desde lejos y lo aceptaron con gusto. Coincidieron en que eran extranjeros y nómadas aquí en este mundo" (Hebreos 11:13).

Decidió morir en la fe, aunque no recibió lo prometido. Hace años tomé la decisión de que preferiría morir con fe que vivir con presunción o miedo. Ahora escribo con fe en que mis libros seguirán vigentes, aunque yo no esté. Estoy construyendo una editorial que espero que me sobreviva. Estoy enseñando cómo creo que debería ser la Iglesia a medida que avanzamos en el siglo XXI. **¿Qué estás haciendo tú?**

A medida que envejeces, ¿cuál es tu enfoque? ¿El presente o el futuro? ¿El desorden actual o la promesa futura? ¿Pesimismo u optimismo? ¿Estás simplemente viviendo tu vida esperando morir o estás viviendo para vivir, impulsado por una fe vibrante y activa? José habló lo que creía que Dios haría. Fue un ejemplo de la verdad de que nadie es demasiado viejo para vivir con propósito o fe. Ahora te toca a ti llegar a la misma conclusión y luego vivir tu vida de acuerdo con esa verdad, hablando palabras de fe hasta el día en que no puedas hablar más.

Estudio 9
¿Quieres Ser Mi Vecino?

Regresemos y veamos un versículo que mencionamos en el capitulo pasado cuando vimos a José como un buen ejemplo de alguien que no era demasiado viejo para fluir en su propósito:

> Todos ellos **vivieron** por la fe y murieron sin haber recibido las cosas prometidas; más bien, las **miraron** y les dieron la bienvenida desde la distancia. También **confesaron** que eran extranjeros y peregrinos en la tierra. **al expresarse** así, claramente dieron a entender que andaban en busca de una patria. Si hubieran estado **pensando** en aquella patria de donde habían emigrado, habrían tenido oportunidad de regresar a ella. Antes bien, **anhelaban** una patria mejor, es decir, la celestial. Por lo tanto, Dios no se avergonzó de ser llamado su Dios y les preparó una ciudad (Hebreos 11:13-16, énfasis añadido).

El versículo en el que me quiero enfocar es "todas estas personas todavía vivían en fe cuando murieron". La fe es una tarea de toda la vida. No es un evento, sino un estilo de vida. No es una pastilla que se traga cuando se necesita, sino una vitamina espiritual que tomamos todos los días. Y la fe no es solo para las cosas que creemos que necesitamos y que no sabemos cómo podemos obtenerlas, sino que debe aplicarse a las metas y aspiraciones de las cosas que Dios ha puesto en nuestros corazones para hacer.

En el pasaje anterior, vemos resaltado lo que está involucrado en la fe. En primer lugar, vivimos en ella. Toda nuestra existencia requiere fe. Cuando pasamos por encima de un puente, tenemos fe en que no se derrumbará. Cuando compramos comida, tenemos fe en que no nos va a enfermar. Cuando vamos al hospital, confiamos en que las personas están bien capacitadas y son competentes. Por lo tanto, confiar en Dios para la provisión o para cumplir una promesa no es un ejercicio tan inusual de realizar, ya que somos criaturas que funcionan mejor por fe, sin importar nuestra edad.

Las personas de fe también ven cosas. Ven el futuro con tanta claridad, a veces incluso el futuro después de haber partido de esta vida, que dan la bienvenida a esas imágenes de lo que está por venir y trabajan para hacerlas realidad para ellos mismos y para los más cercanos a ellos. Supongo que se puede decir que estas personas son visionarias.

Entonces la fe implica admitir la verdad de quiénes somos. La fe nunca nos obliga a negar la realidad. Simplemente no permitimos que la realidad tenga la última palabra. Elegimos permitir que la palabra de Dios tenga el voto decisivo. Abraham estaba casi muerto en edad, pero eligió creer en Dios para tener un hijo que le sirviera como heredero. Es más, las personas de fe dicen cosas que son compatibles con la fe. Por ejemplo, nunca digo "soy demasiado viejo para esto o aquello". Sí, a medida que envejezca habrá limitaciones físicas, pero confío en Dios de que mis últimos años serán tan fructíferos, tal vez más, que los anteriores.

Después de eso, los que tienen fe son pensadores. La fe es racional, tal vez el acto más racional de nuestra existencia. La fe puede involucrar nuestros sentimientos, pero al final del día, requiere que sopesemos la evidencia y las posibilidades y permitamos que la fe tenga la sartén por el mango. Y finalmente, las personas de fe anhelan algo mejor, que es la recompensa de nuestra fe. Tenemos un destino en mente y la fe alimenta el viaje. Ahora bien, todo esto ocurre independientemente de tu edad. Nunca somos demasiado jóvenes o viejos para la fe.

Dicho esto, ¿cómo está impactando la fe en tu vida? ¿Estás vivo o simplemente existiendo? ¿Estás admitiendo la verdad de tu propia debilidad, pero confiando en la fuerza de Dios? ¿Ha influido la fe en tu habla de tal manera que estás pronunciando palabras de fe y no las de duda y fatalidad? ¿Y qué hay de tu pensamiento? ¿Estás usando tus capacidades racionales para inventar emocionantes escenarios de fe u opciones llenas de miedo para tu vida a medida que pasan los años? Y, por último, ¿anhelas más, hacer más, ser más, ver más y entender más?

Si respondes afirmativamente a esas preguntas, entonces la promesa final de este pasaje es para ti: "Dios no se avergüenza de ser llamado su Dios, porque ha preparado una ciudad para ellos". Quiero ser un ciudadano de la ciudad de Dios y no solo alguien que vive en las afueras de la ciudad porque no pude establecer mi residencia en el lugar que Dios tiene para mí. Me encantaría tenerte como mi vecino allí, pero el precio de la admisión es una vida de fe hasta el final. Espero que estés dispuesto a pagar ese precio. Si es así, espero compartir historias de fe con usted mientras hablamos a través de la cerca de nuestro patio trasero en la Calle de la Fe.

Estudio 10
Servir a Los Jóvenes

David vivió hasta los 70 años y al final de su vida tuvo problemas para mantenerse caliente. Leamos lo que hicieron sus asistentes para abordar este problema:

> El rey David era ya muy anciano y, por más frazadas que le ponían, no podía entrar en calor. Así que sus consejeros le dijeron: "Busquemos una joven virgen que lo atienda y lo cuide, mi señor; dormirá en sus brazos y le quitará el frío". Entonces buscaron una muchacha hermosa por toda la tierra de Israel y encontraron a Abisag, de Sunem, y se la llevaron al rey. La joven era muy hermosa; cuidaba al rey y lo atendía, pero el rey no tuvo relaciones sexuales con ella (1 Reyes 1:1-4).

No hay nada de malo en mantenerse cómodo en la edad avanzada. El problema en este caso, sin embargo, fue que mientras los siervos estaban enfocados en el bienestar de David, uno de sus hijos decidió que quería ser rey. Todo por lo que David había trabajado estuvo a punto de perderse debido a la insurrección de su hijo sinvergüenza.

> Por ese tiempo, Adonías, hijo de David, cuya madre era Haguit, comenzó a jactarse

diciendo: "Voy a proclamarme rey". Así que consiguió carros de guerra con sus conductores y reclutó cincuenta hombres para que corrieran delante de él. Ahora bien, su padre, el rey David, jamás lo había disciplinado, ni siquiera le preguntaba: "¿Por qué haces esto o aquello?". Adonías había nacido después de Absalón y era muy apuesto (1 Reyes 1:5-6).

El escritor también nos hace saber que David creó este problema con su hijo al no disciplinarlo "en ningún momento". La falta de habilidades paternas de David no solo lo afectó a él o a su familia, sino que tuvo implicaciones para todo el reino. Y ahora, parece que se trataba más de David y sus necesidades por encima de las necesidades de la nación. ¿Qué lecciones hay en esta historia para nosotros al estudiar el tema 'Nunca demasiado viejo para un propósito'?

Parecería que la lección principal es que nunca nos retiramos de la obra o las responsabilidades del Reino de Dios. Los mismos principios que te ayudaron a superar tu vida todavía se aplican cuando eres mayor. Ciertamente, no debes ignorar tus limitaciones o necesidades físicas, pero no deben ser el foco principal para ti o para quienes te rodean. Debes mantener una mentalidad del Reino a lo largo de tu vida, recordando que no se trata de ti ni de lo que has hecho. Siempre se trata de Él y de lo que Él está haciendo y quiere hacer, incluso después de que te hayas ido. Nadie, ni siquiera Dios, te debe nada por tu vida de servicio.

David era popular, pero en más de una ocasión sus tendencias egocéntricas causaron muchos problemas a sus siervos. Decídete a ser una persona con propósito hasta el final, no insistiendo en que se satisfagan tus propias necesidades, sino haciendo lo que puedas para satisfacer las necesidades de los demás. Y no busques una manera de que los jóvenes te sirvan, sino encuentra maneras de servirles para asegurarte de que tengan la oportunidad de tener éxito en su día, tal como tú tuviste en el tuyo.

Estudio II
Corre Tu Carrera

Nadie impactó a la iglesia primitiva más que Pablo, excepto el Señor Jesús. En una de sus últimas cartas, Pablo escribió a Timoteo para declarar:

> En cuanto a mí, mi vida ya fue derramada como una ofrenda a Dios. Se acerca el tiempo de mi muerte. He peleado la buena batalla, he terminado la carrera y he permanecido fiel. Ahora me espera el premio, la corona de justicia que el Señor, el Juez justo, me dará el día de su regreso; y el premio no es solo para mí, sino para todos los que esperan con anhelo su venida (2 Timoteo 4:6-8).

Aquí hay algunas ideas para agregar a esta serie titulada "Nunca demasiado viejo para un propósito".

1. **Pablo estaba siendo derramado como una ofrenda.** La libación u ofrenda siempre acompañaba a otra ofrenda y se vertía en el suelo o en el fuego. De cualquier manera, no quedó ni rastro de la ofrenda. Pablo vio que su vida había sido entregada al servicio del Señor. Él no estaba derramando, pero Dios tenía el control, determinando

dónde y cómo se invertirían los últimos días de Pablo.

2. **Pablo sabía que su fin estaba cerca**. Pablo tenía la sensación de que su partida era inminente. No había un plan de sucesión a seguir, ya que no tenía un cargo oficial en el que delegar. Había sabido y declarado que había completado su propósito, no le quedaba nada por hacer. Y nadie podía realmente reemplazar el llamado único que había vivido y cumplido.

3. **Había luchado, terminado y permanecido fiel**. Al igual que en otros lugares, Paul usó referencias atléticas para indicar cómo describiría su viaje de propósito. Había dedicado su vida al propósito que Dios le había asignado. No era un pasatiempo y no ocupó el segundo lugar de una carrera. Era el acto principal del drama de su vida y había interpretado su papel a la perfección.

4. **Pablo sabía que le esperaba una recompensa**. Pablo no había trabajado para la iglesia ni para los líderes de la iglesia, sino para Dios. Esperaba plenamente que su recompensa viniera de su "empleador": Dios mismo. Sabía que no era único ni especial en ese sentido, porque cualquiera que "anhelara la venida [de Jesús]" recibiría la misma recompensa.

¿Sabes cuál es tu propósito? ¿Lo estás cumpliendo? ¿Es un pasatiempo o la atracción principal de la película de tu vida? ¿Estás

luchando, corriendo y preservando lo que Dios te ha dado para hacer? La belleza de la vida de Paul es la claridad que tenía de su misión y su compromiso absoluto con ella que le permitió correr la carrera y terminar el recorrido. Te insto a que estes tan enfocado y decidido como lo estuvo Pablo para que cuando tu fin esté cerca, entonces puedas ser tan realista acerca de tu carrera de propósito como él lo fue, declarándote a ti mismo vencedor por la gracia de Dios.

Estudio 12
El Beneplácito de Dios

He aquí un resumen en una frase de la condición de Moisés en el momento de su muerte:

> Moisés tenía ciento veinte años cuando murió, pero hasta entonces conservó una buena vista y mantuvo todo su vigor (Deuteronomio 34:7, NTV).

Debido a que tenía 120 años, podemos tender a descartar su edad como algo común, una indicación de que la gente vivía hasta ser ancianos "en ese entonces". Pero si ese es el caso, ¿por qué la Biblia se aseguraría de que entendiéramos la condición de Moisés si era tan usual en ese entonces? Vamos a ver si podemos averiguarlo.

Por supuesto, la razón más importante es que Dios estaba con Moisés y lo empoderó y fortaleció. Pero, ¿qué hizo a Moisés tan especial para que Dios lo preservara durante tanto tiempo en la condición descrita? Mi prejuicio me lleva a concluir que Moisés era un hombre de propósito y que Dios estaba proporcionando una lección sobre el poder que reside en vivir y no solo en incursionar en la voluntad de Dios para nuestra vida.

Moisés entendió cuál era su propósito temprano en la vida: "Moisés supuso que sus compatriotas israelitas se darían cuenta de que Dios lo había enviado para rescatarlos, pero no fue así.". (Hechos 7:25). Sin embargo, la gente no estaba lista para ser rescatada. Adicionalmente, Dios tenía que prepararlo mejor, por lo que Moisés huyó a Madián donde vivió y trabajó durante cuarenta años (véase Hechos 7:23). Entonces se nos dice: "Cuarenta años después, en el desierto que está cerca del monte Sinaí, un ángel se le apareció a Moisés en la llama de una zarza ardiente" (Hechos 7:30). Así que Moisés regresó a Egipto para realizar 40 años de servicio hasta que murió a la edad de 120 años.

No estoy insinuando que cuando encuentres tu propósito, tienes garantizado vivir hasta los 120 años y nunca necesitarás gafas. Pero lo que estoy diciendo es que el propósito es energizante y te da una razón para levantarte por la mañana y llenar tus días con algo más que televisión sin sentido o recreación sin sentido. Las personas con propósito no creen en el pensamiento de que "soy viejo y los ancianos son frágiles, decrépitos y olvidadizos". Para probar este punto, echemos un vistazo a un héroe de propósito de la iglesia, John Wesley, fundador del movimiento de la iglesia metodista. Aquí está la entrada de Wesley en su diario en su cumpleaños número 72:

> Siendo este mi cumpleaños, el primer día de mis setenta y dos años, estaba pensando: ¿Cómo es esto que encuentro exactamente la misma fuerza que hace treinta años? ¿Que mi vista está considerablemente mejor ahora y mis nervios más firmes que entonces? ¿Que no tengo ninguna de las enfermedades de la vejez y que he perdido varias que tuve en mi juventud? La gran causa es la buena voluntad de Dios, que hace todo lo que le agrada. Los principales medios son: 1) Mi constante levantamiento a las cuatro, durante unos cincuenta años;

2) Mi predicación general a las cinco de la mañana, uno de los ejercicios más saludables del mundo; 3) No haber viajado menos, por mar o por tierra, de cuatro mil quinientas millas en un año.

¡Ese es el resumen de una persona con propósito! **¿Cuál es el "beneplácito de Dios" en lo que concierne a nuestra vida? ¿Te involucras de lleno en ello o solo incursionas? ¿Tu enfoque es tu bienestar o el de los demás? ¿Has creído la idea que los ancianos no deben hacer mucho y solo deben esperar morir?**

Dios quería que supiéramos acerca de la condición de Moisés al final de sus días para que pudiéramos tener fe en que la vida debe ser vivida al máximo sin importar nuestra edad. Toma una página del libro de Moisés y Wesley y decídete a ser una persona con propósito hasta el final, porque la verdad es que, como hemos aprendido en esta lección, nunca eres demasiado viejo para un propósito.

Estudio 13
Canas

Mientras continuamos con nuestro tema, 'Nunca demasiado viejo para un propósito', quiero compartirte unas reflexiones personales sobre un pasaje de los salmos:

> Seguiré con la esperanza de tu ayuda; te alabaré más y más. A todos les hablaré de tu justicia; todo el día proclamaré tu poder salvador, aunque no tengo facilidad de palabras. Alabaré tus obras poderosas, oh Señor Soberano, y les contaré a todos que solo tú eres justo. Oh Dios, tú me has enseñado desde mi tierna infancia, y yo siempre les cuento a los demás acerca de tus hechos maravillosos. Ahora que estoy viejo y canoso, no me abandones, oh Dios. Permíteme proclamar tu poder a esta nueva generación, tus milagros poderosos a todos los que vienen después de mí (Salmo 71:14-18, NTV).

Mientras leo esto, tengo 75 años y estoy tratando de ponerme en el lugar del salmista. He aquí algunas reflexiones que llegan al hacerlo:

1. **Declaró que siempre tendrá esperanza en Dios.** A medida que las personas envejecen, se dan cuenta de que nada más "funciona", al menos esa es mi conclusión. Dios y Sus caminos son

las únicas cosas confiables en la vida.

2. **Prometió alabar más**. Necesito dormir menos y me despierto por la noche a menudo. Cuando lo hago, dedico algún tiempo a alabar y agradecer a Dios por cosas simples: salud, provisión, relaciones, nietos. No doy nada por sentado y hago todo lo posible para alabar y agradecer a Dios.

3. **Dijo que hablaría de la salvación de Dios todo el día**. Estoy en las redes sociales todo el día, todos los días. A medida que recibo algo del Señor, lo comparto lo más rápido que puedo.

4. **Dijo que no podía comprender totalmente lo que estaba diciendo**. A medida que envejezco, descubro que cuanto más sé, más hay que saber. El aprendizaje es una búsqueda de toda la vida en el Señor.

5. **Él fue con la fuerza de Dios**. A medida que mis fuerzas físicas disminuyen, tengo que confiar cada vez más en la fuerza de Dios a diario. Él tiene todo lo que necesito.

6. **Prometió declarar solo la bondad de Dios**. Cuando has vivido mucho tiempo, tienes más recuerdos y no todos son buenos. Es fácil volverse amargado o cínico. Le pido a Dios que me ayude a no ser ni lo uno ni lo otro, lo que significa que tengo que ser lo contrario: amable y confiado, incluso como un niño.

7. **Pidió la ayuda de Dios hasta que terminó de proclamar la gloria de**

Dios a la siguiente generación. Mi tiempo en el ministerio se invierte cada vez más en compartir con los jóvenes las lecciones que Dios me ha enseñado. Y, por supuesto, escribo y público para que Dios tenga algo, si así lo decide, para compartir de la sabiduría que me ha dado con los que vienen después de mí.

El salmista declaró que él era "viejo y ahora canoso". Cuando me corto el pelo y miro al suelo, me pregunto de dónde salieron todas las canas hasta que me recuerdo a mí mismo que vinieron de mí. No sé cuánto tiempo tengo, así que estoy decidido a hacer que cada día cuente, tal como parece que el salmista estaba decidido a hacer.

Pero a medida que escribo, me doy cuenta de que todo lo que escribió es tan relevante y aplicable a personas de cualquier edad como lo es para mí. Cuando eres mayor, tu cuerpo te recuerda todos los días que el reloj está corriendo hacia el final. La buena noticia es que hay mucho trabajo por hacer, como dijo el salmista, para aquellos que están enfocados en hacerlo hasta que ya no pueden hacerlo más.

Estudio 14
¿Prosperar o Simplemente Sobrevivir?

Encontré algunas de las promesas de Dios a Sus santos mayores en edad en mi estudio que sirven perfectamente en este libro. La primera está en Isaías:

> "Yo seré su Dios durante toda su vida, hasta que tengan canas por la edad. Yo los hice y cuidaré de ustedes; yo los sostendré y los salvaré" (Isaías 46:4).

La segunda está en el libro de los salmos:

> Pero los justos florecerán como palmeras y se harán fuertes como los cedros del Líbano; trasplantados a la casa del Señor, florecen en los atrios de nuestro Dios. Incluso en la vejez aún producirán fruto; seguirán verdes y llenos de vitalidad. Declararán: "¡El Señor es justo! ¡Es mi roca! ¡No existe maldad en él!" (Salmo 92:12-15).

Veamos la magnífica promesa de Isaías. En ella, Dios jura cuidar de Su pueblo cuando sean viejos y canosos. También prometió "rescatar" a sus siervos mayores, lo que significa que los ancianos no están exentos de pruebas y tribulaciones, ni de aventuras de fe que requerirán la intervención y asistencia de Dios. No importa tu edad, Dios seguirá siendo su refugio y fortaleza.

Luego, en el Salmo 92, Dios promete que los justos todavía darán fruto en su vejez, permaneciendo "frescos y verdes". En sus últimos años, proclamarán la bondad de Dios. Esto no suena en nada como la jubilación o la incapacidad física para realizar buenas obras o acciones con propósito.

Vimos anteriormente en esta serie que "Moisés tenía ciento veinte años cuando murió, pero hasta entonces conservó una buena vista y mantuvo todo su vigor." (Deuteronomio 34:7). No es necesariamente cierto que los ancianos también estén enfermos. Entonces, si Dios promete rescatar a los ancianos y si aún darán fruto, tampoco parece que se retirarán al "hogar de ancianos" de Dios. Todavía tienen un propósito y Dios espera que produzcan frutos consistentes con sus dones y talentos.

Entonces, ¿cuál es tu fruto? ¿Cuál es el propósito de tu vida? Debes responder a esas preguntas sin importar tu edad, porque las promesas o expectativas de Dios no tienen fecha de vencimiento. Es más, ya que el gozo del Señor es tu fortaleza, si quieres fortaleza en tus últimos años, debes estar haciendo las cosas que amas hacer, cosas que te dan gozo.

Mientras escribo, tengo 75 años. Sé que no voy a salir de aquí con vida, pero no planeo cooperar con el proceso de envejecimiento. Quiero prosperar y no solo sobrevivir. Si llega el día en que no puedo escribir, entonces dictaré o dibujaré o haré algo para declarar que "el Señor es recto". Viajaré todo lo que pueda y transmitiré las lecciones que Dios me está enseñando hasta que la muerte me lo impida.

Para entonces, sin embargo, habré dejado lo suficiente como para que, si Dios decide usarlo, mi voz continúe siendo escuchada cuando mis días en la tierra hayan llegado a su fin. **¿Y tú? ¿Cómo quieres terminar? ¿Quieres simplemente sobrevivir o eliges prosperar?** Piénsalo y mientras lo haces, confío en que estarás convencido que nunca eres demasiado viejo para un propósito.

Estudio 15
Un Regalo de Dios

Cuando era joven, leí Eclesiastés, pero no tenía mucho sentido para mí. Parecía que el escritor era un viejo amargado que estaba desilusionado con la vida, el amor y el Señor. Por ejemplo, escribió:

> Me dediqué a buscar el entendimiento y a investigar con sabiduría todo lo que se hacía debajo del cielo. Pronto descubrí que Dios le había dado una existencia trágica al género humano. Observé todo lo que ocurría bajo el sol, y a decir verdad, nada tiene sentido, es como perseguir el viento. Lo que está mal no puede corregirse; lo que se ha perdido no puede recuperarse. Me dije: "A ver, soy más sabio que todos los reyes que gobernaron Jerusalén antes que yo. Tengo más sabiduría y conocimiento que cualquiera de ellos". Así que me dispuse a aprender de todo: desde la sabiduría hasta la locura y la insensatez; pero descubrí por experiencia que procurar esas cosas es como perseguir el viento. Cuanta más sabiduría tengo, mayor es mi desconsuelo; aumentar el conocimiento solo trae más dolor (Eclesiastés 1:13-18).

Ahora que soy mayor, leo el mismo libro y tiene más sentido. El escritor, probablemente Salomón, había experimentado la mayor parte de lo que el ser rey tenía para ofrecer: fama, fortuna y las cosas buenas de la vida. Sin embargo, llegó a la conclusión de que todo carecía de sentido, vanidad según una traducción. Y luego terminó su libro con este resumen bastante deprimente de la vejez:

> No dejes que la emoción de la juventud te lleve a olvidarte de tu Creador. Hónralo mientras seas joven, antes de que te pongas viejo y digas: "La vida ya no es agradable". Acuérdate de él antes de que la luz del sol, de la luna y de las estrellas se vuelva tenue a tus ojos viejos, y las nubes negras oscurezcan para siempre tu cielo. Acuérdate de él antes de que tus piernas—guardianas de tu casa—empiecen a temblar, y tus hombros—los guerreros fuertes—se encorven. Acuérdate de él antes de que tus dientes—esos pocos sirvientes que te quedan—dejen de moler, y tus pupilas—las que miran por las ventanas—ya no vean con claridad. Acuérdate de él antes de que la puerta de las oportunidades de la vida se cierre y disminuya el sonido de la actividad diaria. Ahora te levantas con el primer canto de los pájaros, pero un día todos esos trinos apenas serán perceptibles. Acuérdate de él antes de que tengas miedo de caerte y te preocupes de los peligros de la calle; antes de que el cabello se te ponga blanco como un almendro en flor y arrastres los pies sin energía como un saltamontes moribundo, y la alcaparra ya no estimule el deseo sexual. Acuérdate de él antes de que te falte poco para llegar a la tumba—tu hogar

eterno—donde los que lamentan tu muerte llorarán en tu entierro. (Eclesiastés 12:1-5, NTV).

Pero típico del estilo de este escritor de sabiduría, enterrado en su lamento sobre la inutilidad de la vida, nos dio la respuesta a la felicidad y la satisfacción. En el pasaje anterior, él aconsejó: "Así que acuérdate de tu Creador mientras aún eres joven" mientras que había escrito anteriormente en el libro:

> Aun así, he notado al menos una cosa positiva. Es bueno que la gente coma, beba y disfrute del trabajo que hace **bajo el sol durante el corto tiempo de vida que Dios le concedió**, y que acepte su destino. También es algo bueno recibir riquezas de parte de Dios y la buena salud para disfrutarlas. Disfrutar del trabajo y aceptar lo que depara la vida son **verdaderos regalos de Dios**. A esas personas Dios las mantiene tan ocupadas en disfrutar de la vida que no pasan tiempo rumiando el pasado (Eclesiastés 5:18-20, énfasis agregado).

Por lo tanto, la clave para una vejez feliz es disfrutar del Señor mientras eres joven y hacer cosas significativas y con propósito mientras puedas, recordando que la vida es corta. Cuando era joven, las personas mayores siempre me decían que mis años de vejez llegarían antes de que me diera cuenta, y tenían razón. Ahora les animo a que aprovechen al máximo los días que tienen, porque realmente son un regalo de Dios, y todos nosotros estamos más cerca de nuestro fin hoy que ayer, que es lo que Salomón estaba tratando de decirnos todo el tiempo.

# Estudio 16

El Camino Que Debes Seguir

Un proverbio muy citado sobre la crianza de los hijos se encuentra en este versículo familiar:

> Instruye al niño en el camino que debe seguir, incluso cuando crezca no lo abandonará (Proverbios 22:6).

Por supuesto, en primer lugar, parecería que este entrenamiento se refiere a la instrucción concerniente a los requisitos de Dios para una vida recta. Pero creo que es más que eso. Como aprendimos en mi libro, Nunca Demasiado Joven para un Propósito, Dios está revelando a los jóvenes quiénes son y para qué los ha creado. Él estaba haciendo eso por ti en tus primeros años.

Pero como vimos en esa serie, las preocupaciones y dificultades de ganarse la vida a menudo pueden descarrilar o desviar el propósito juvenil. Pero la buena noticia en el versículo de hoy es que la instrucción que recibiste cuando eras joven, ya sea sobre la santidad o el propósito, no está tan lejos de ti como piensas, sin importar la edad que tengas o cuánto tiempo haya pasado desde que le hayas prestado atención.

Cuando era joven, me encantaba coleccionar sellos. Tenía muchos sellos de Estados Unidos, pero los que realmente me gustaban eran los de otros países.

Investigaba dónde se encontraban esos países y me prometía a mí mismo: "Iré allí algún día". Hoy he estado en más de 60 de esos países.

Una de mis actividades en los días lluviosos de niño era jugar con mi máquina de escribir de juguete. Escribía artículos de revistas o páginas de un libro y luego apilaba los papeles en mi escritorio, fingiendo que estaba escribiendo un libro. Hoy en día he escrito mas de 90 libros y sigo avanzando. Ahora que miro hacia atrás, veo que el "camino que debería seguir" era evidente en esas dos actividades.

Y siempre fui un buen estudiante. Regresé a la universidad cuando tenía 57 años para obtener mi título de doctor en ministerio cristiano. Y ahora, a los 75 años, estoy aprendiendo español y acabo de empezar a estudiar ucraniano preparándome para labores ministeriales allí. Estudiar siempre fue parte de "mi camino" y no hay razón para dejar de aprender ahora.

Entonces, ¿cuál era parte de tu "camino que deberías seguir" cuando eras más joven? ¿Cómo puedes volver a conectarte con esas cosas, independientemente de tu edad? ¿Estás pensando: 'Soy demasiado viejo', o estás pensando: 'Puedo hacer todas las cosas a través de Cristo y esto es algo que necesito y quiero hacer'?

Tu propósito y creatividad no tienen fecha de caducidad y son notablemente resistentes y no se estropean ni decaen con el tiempo. Por lo tanto, nunca se es demasiado viejo para pensar con propósito o acción con propósito. Te insto a que reflexiones sobre tu pasado y descubras qué partes de el **aún puedes traer a tu presente para que puedas tener un futuro con propósito.**

Estudio 17
Depresión

Después del encuentro victorioso de Elías con los profetas de Baal, Jezabel amenazó con matarlo en represalia por haber matado a sus camaradas proféticos:

> Elías tuvo miedo y huyó para salvar su vida. Se fue a Beerseba, una ciudad de Judá, y dejó allí a su sirviente. Luego siguió solo todo el día hasta llegar al desierto. Se sentó bajo un solitario árbol de retama y pidió morirse: "Basta ya, Señor; quítame la vida, porque no soy mejor que mis antepasados que ya murieron". Entonces se acostó y durmió debajo del árbol. Mientras dormía, un ángel lo tocó y le dijo: "¡Levántate y come!". Elías miró a su alrededor, y cerca de su cabeza había un poco de pan horneado sobre piedras calientes y un jarro de agua. Así que comió y bebió, y volvió a acostarse. Entonces el ángel del Señor regresó, lo tocó y le dijo: "Levántate y come un poco más, de lo contrario, el viaje que tienes por delante será demasiado para ti". Entonces se levantó, comió y bebió, y la comida le dio fuerza suficiente para viajar durante cuarenta días y cuarenta noches hasta llegar al monte Sinaí, la montaña de Dios. Allí llegó a una cueva, donde pasó la noche (1 Reyes 19:3-9. NTV).

Por el sonido del relato, parece que Elías estaba deprimido, caminando durante un día entero en el desierto y luego no haciendo nada más que dormir y comer. Dios estaba con él, dándole descanso y comida, pero Dios no permitió que Elías permaneciera en la cueva de la depresión por mucho tiempo:

> "Entonces el Señor le dijo: Regresa por el mismo camino que viniste y sigue hasta el desierto de Damasco. Cuando llegues allí, unge a Hazael para que sea rey de Aram. Después unge a Jehú, nieto de Nimsi, para que sea rey de Israel; y unge a Eliseo, hijo de Safat, de la tierra de Abel-mehola, para que tome tu lugar como mi profeta" (1 Reyes 19:15-16).

Todavía había trabajo por hacer y Dios esperaba que Elías continuara y también se preparara para su eventual transición, por lo que tuvo que ungir a su sucesor mientras aún se estaba recuperando de su depresión. Sin embargo, poco sabía Elías que Dios tenía planeada una partida gloriosa para él: "Mientras iban caminando y conversando, de pronto apareció un carro de fuego, tirado por caballos de fuego. Pasó entre los dos hombres y los separó, y Elías fue llevado al cielo por un torbellino" (2 Reyes 2:11).

En este libro, Nunca demasiado viejo para un propósito, hemos analizado varios aspectos de aquellos que sirvieron al Señor con propósito en sus últimos años. Vemos en la lección de hoy que la depresión y la fatiga son dos de los obstáculos que todos enfrentamos sin importar nuestra edad. Sin embargo, cuando eres un poco mayor y has tenido algunas decepciones más, la depresión y la desesperanza pueden volverse debilitantes. Sí, la respuesta es el descanso y el rejuvenecimiento, pero también es continuar la obra con el propósito que Dios ha asignado para que hagas.

¿Cómo estás estos días? ¿Estás cansado

y sin fuerzas, temeroso y desilusionado? ¿Estás deseando que llegue el fin como Elías le dijo a Dios?

Si es así, Dios lo sabe y Él está contigo. Él te dará lo que necesitas para ser sanado y parte de esa sanación es saber que tu trabajo aún no ha terminado. Pídele a Dios que te muestre lo que te queda por hacer y luego, poco a poco, a medida que puedas, vuelve al juego como lo hizo Elías.

Sí, es cierto cada día que tu fin está más cerca de lo que nunca ha estado, pero Dios tiene días más útiles por delante para ti. No puedo prometerte que un carro de fuego va a venir a rescatarte de tus pruebas, pero puedo prometerte que Dios está contigo y está atento a tus labores para Él, y sabe cómo recompensar a Sus siervos como tú.

Estudio 18
El Razonamiento de la Fe

Cuando comencé esta serie, no estaba seguro de cuánto material encontraría para apoyar el tema de que nunca somos demasiado viejos para un propósito. Sin embargo, ha habido mucho hasta ahora y más por venir. Echemos otro vistazo a Abraham en este capítulo, específicamente al sacrificio de Isaac:

> Fue por la fe que Abraham ofreció a Isaac en sacrificio cuando Dios lo puso a prueba. Abraham, quien había recibido las promesas de Dios, estuvo dispuesto a sacrificar a su único hijo, Isaac, aun cuando Dios le había dicho: "Isaac es el hijo mediante el cual procederán tus descendientes". Abraham llegó a la conclusión de que si Isaac moría, Dios tenía el poder para volverlo a la vida; y en cierto sentido, Abraham recibió de vuelta a su hijo de entre los muertos (Hebreos 11:17-19, NTV).

Repasemos lo que sabemos. Dios le había prometido a Abraham un heredero del cual vendría una nación de pueblos. Después de esperar muchos años, finalmente llegó el heredero y lo llamaron Isaac. Sin embargo, cuando Isaac tenía unos 15 años de edad (lo que significa que Abraham tenía unos 115), el Señor le habló a Abraham para que fuera a un lugar que Dios le mostraría y sacrificara al hijo de la promesa: la esperanza futura de Abraham. Nótese que dice que Dios *probó* a Abraham, lo cual no indica que Abraham fuera deficiente en su fe, sino que Dios le estaba mostrando a él, a Isaac y a los lectores de hoy la profundidad y calidad de su fe. Sin dudarlo, Abraham hizo planes para hacerlo y habría sacrificado a Isaac si Dios no hubiera intervenido. ¿Qué estaba pasando aquí?

El escritor de Hebreos nos dice: "Abraham *llegó a la conclusión* que Dios incluso podía resucitar a los muertos". Abraham aplicó todo lo que sabía sobre sí mismo, sus experiencias y su Dios para llegar a la conclusión de que si realmente sacrificaba a Isaac, entonces Dios lo resucitaría de entre los muertos, una acción sin precedentes para cualquiera que la considerara en los días de Abraham. Se nos dice que, en cierto sentido, Abraham recibió a Isaac 'de entre los muertos', porque en su mente y corazón, ya lo había sacrificado.

Puedes usar las habilidades de razonamiento que Dios te dio para encontrar una manera de hacer Su voluntad o para excusarte de hacerla. Lo que Dios espera de los ancianos es que lideren el camino en la fe porque su experiencia los califica y equipa para hacerlo. **¿Qué lecciones de fe del pasado puedes aplicar al presente de manera que mejore y no obstaculice tu progreso en el Señor? ¿Qué tan bien estás liderando el camino de la fe en tu familia, iglesia o ministerio? ¿Cómo puedes hacer más para dar un ejemplo de fe que otros sigan?**

Después de todo lo que Abraham había pasado, Dios todavía estaba obrando en su vida, incluso en su vejez. Y nos alegramos de que Dios lo hiciera, porque ahora tenemos un excelente ejemplo de alguien que no era demasiado viejo para la fe y el propósito. Debido a que no lo fue, no tenemos excusa para no seguir con nuestra fe incluso en nuestros años de retiro, tal como lo hizo Abraham.

Estudio 19
Tu Legado

El libro de Génesis cuenta la historia de una familia y su viaje desde la tierra de Canaán hasta la tierra prometida y terminando con ellos en Egipto. De los tres hombres, Abraham, Isaac y Jacob, aprendemos más acerca de Jacob que cualquier otra persona a medida que lo seguimos desde su nacimiento hasta su muerte. Jacob no solo dejó un legado de tierras, que distribuyó a sus hijos, sino que también dejó un legado de palabras que bendijeron y dirigieron a sus hijos y nietos. Primero bendijo a los hijos de José:

> Ahora los ojos de Israel estaban fallando debido a la vejez, y apenas podía ver. Así que José acercó a sus hijos a él, y su padre los besó y los abrazó (Génesis 48:10).

Luego bendijo a José:

> Entonces Israel dijo a José: "Estoy a punto de morir, pero Dios estará contigo y te llevará de vuelta a la tierra de tus padres. Y a ti te doy una cresta más de tierra que a tus hermanos, la cresta que tomé de los amorreos con mi espada y mi arco" (Génesis 48:21-23).

Es maravilloso dejar un legado financiero para los que vienen después de ti, pero es aún mejor proporcionar uno espiritual. Jacob o, como Dios lo rebautizó, Israel, hizo ambas cosas. Dejó la tierra (un poco más a su hijo favorito, José, tuvo favoritos hasta el final) y luego hizo una predicción de fe de que José regresaría a la tierra de sus padres. Aprendemos en el libro de Josué que el regreso ocurrió 200 años después, cuando los descendientes de José enterraron sus huesos en la porción adicional de tierra que Jacob mencionó.

Dios usó a Jacob hasta el final, así que él es un buen ejemplo de nuestro tema, nunca demasiado viejo para un propósito. **¿Quieres que Dios haga lo mismo contigo? ¿Qué tipo de legado dejas a los que quedan después de que te hayas ido? ¿Tienes un testimonio claro escrito o registrado como parte de tu última voluntad y testamento?**

¿Estás buscando oportunidades para bendecir a los demás en tus últimos días, especialmente animándolos, compartiendo lo que consideras que son sus fortalezas y tal vez incluso su destino en el plan de Dios? ¿Qué más puedes hacer para centrarte en el bienestar y las necesidades de los demás en lugar de en las tuyas propias al entrar en el último segmento de tu vida?

A menudo, tus propias necesidades físicas pueden aumentar a medida que envejeces, pero si decides ser una bendición y bendecir, podrás concentrarte en ser una bendición incluso cuando tu energía disminuya. Haz lo que puedas con lo que tienes para dejar al menos un legado de palabras y pensamientos amables mientras enfrentas tu inevitable papel de transmitir tu testimonio y conocimiento de Dios a aquellos que pueden beneficiarse de él después de que te hayas ido.

Estudio 20
Hasta el Final

Ya vimos esta historia en el Estudio 11, pero veámosla una vez más desde un ángulo diferente. Cuando David envejeció, leemos esto sobre su condición física:

> Cuando el rey David era viejo y avanzado en días, le cubrían de ropas, pero no se calentaba. Le dijeron, por tanto, sus siervos: Busquen para mi señor el rey una joven virgen, para que esté delante del rey y lo abrigue, y duerma a su lado, y entrará en calor mi señor el rey. Y buscaron una joven hermosa por toda la tierra de Israel, y hallaron a Abisag sunamita, y la trajeron al rey. Y la joven era hermosa; y ella abrigaba al rey, y le servía; pero el rey nunca la conoció (1 Reyes 1:1-4).

Mientras el séquito de David atendía sus necesidades personales, uno de los hijos de David trató de apoderarse del reino:

> Entonces Adonías **hijo de** Haguit se rebeló, diciendo: Yo reinaré. Y se hizo de carros y de gente de a caballo, y de cincuenta hombres que corriesen delante de él. Y su padre nunca le había entristecido en todos sus días con decirle: ¿Por qué haces así? Además, este era de muy hermoso parecer; y había nacido después de Absalón. (1 Reyes 1:5-6).

Sabemos que David fue laxo en sus deberes paternales durante toda su vida. Primero Absalón trató de arrebatar el reino por la fuerza y muchas personas murieron en la batalla resistiendo sus esfuerzos, incluyendo al propio Absalón. Entonces Adonías intentó traición y estuvo a punto de tener éxito. ¿Cuál es la razón por la que comparto esta historia un vez más?

Esta historia nos recuerda que todos tenemos un trabajo con propósito que hacer hasta el final. Sí, tus necesidades físicas pueden cambiar y requerir más atención a medida que envejeces, pero aún tienes un propósito que cumplir y cosas que crear. Y dependiendo de tu propósito, es posible que tenga asuntos relacionados con tu legado que requieran tu atención.

¿Quién seguirá haciendo lo que haces después de que te hayas ido? ¿Está completa tu última voluntad y testamento? ¿Has dicho todo lo que hay que decir a los miembros de tu familia? ¿Y qué tal si grabas o escribes una breve autobiografía que incluya los aspectos más destacados y los posibles momentos negativos de tu vida?

La buena noticia de esta historia es que Betsabé y el profeta Natán pusieron en marcha un plan para hacer entrar en razón a David y que Salomón y no Adonías fuera el rey. De la misma manera, nunca es demasiado tarde para que pongas tus asuntos en orden y marques la diferencia en el plan de Dios para que las cosas sucedan mientras todavía estás aquí y después de que te hayas ido.

Mientras atiendes las dolencias y condiciones comunes de la vejez, no ignores las cosas que Dios quieres que hagas y que solo usted tú puedes hacer. Haz que tu objetivo sea marcar la diferencia hasta el final y dejar algo atrás que Dios pueda usar, si así lo decide, como fundamento y luz guía para los que están por venir.

Estudio 21
Comparte Tu Sabiduría

Hay un viejo dicho que dice: "respeta a tus mayores". Estoy de acuerdo, pero siempre es mejor si se respeta a un anciano no por su pasado, sino por su servicio continuo a los demás. Leemos en Job que aquellos que son mayores deben tener algo importante que dar a la gente:

> La sabiduría pertenece a los ancianos, y el entendimiento, a los mayores (Job 12:12, NTV).

Necesitamos la sabiduría y la experiencia de quienes nos han precedido, pero más adelante en el libro, se emite una advertencia con respecto a los ancianos:

> Eliú, hijo de Baraquel el buzita, dijo: "Yo soy joven, y ustedes, ancianos; por eso me contuve de decirles lo que pienso. Me dije: "Los que tienen más edad deben hablar porque la sabiduría viene con los años". Sin embargo, hay un espíritu dentro de las personas, el aliento del Todopoderoso en ellas, que las hace inteligentes. No siempre los ancianos son sabios; a veces las personas de edad no comprenden la justicia (Job 32:6-9, NTV).

Ser avanzado en años no es garantía de sabiduría y comprensión, porque hay jóvenes y ancianos necios o tontos. **Es más, si alguien tiene sabiduría y comprensión, ¿qué hace con ella? ¿Cómo puede ponerla a disposición de quienes la necesitan? ¿De qué maneras se puede poner la sabiduría a disposición de quienes la requieren?**

La enseñanza es una forma de hacerlo, pero no sólo clases presenciales, sino a través de la tecnología y las redes sociales. Pero ahí está el problema, porque muchos de los mayores no están en sintonía con la tecnología, mientras que otros le tienen miedo y sus implicaciones. No quieren perder su privacidad. No desean estar "atados" a usarla regularmente. Tienen miedo de no hacerlo correctamente y de no tener suficiente energía o creatividad para mantener su presencia a largo plazo. Tal vez tú compartas algunas de estas preocupaciones.

Si las redes sociales no son una opción, ¿qué tal escribir? ¿Puede empezar a desarrollar tus habilidades de escritura para tener algo que decir y saber cómo comunicarlo? El punto más importante de todo esto es aceptar que tú tienes sabiduría para compartir, pero debes ser apasionado, incluso desesperado, por compartirla. Si tienes esa actitud, entonces encontrarás formas de difundir lo que tienes, tal vez asociándote con una persona más joven que pueda mantenerte al día sobre cómo usar la tecnología mientras tú proporcionas el contenido. Si no quieres escribir, entonces busca todas las oportunidades para enseñar que puedas.

Entonces, ¿qué vas a hacer? ¿Te sentarás en una mecedora, deseando que alguien respete tu cabello gris, o les darás una razón para que se sienten y tomen nota de que tienes algo que decir? Sé que, en mi caso, planeo estar activo y compartir las lecciones que me han traído mis canas. Te invito a que te unas a mí en esa aventura, sin importar tu edad.

Estudio 22
Límites de Mandato

En Números 4, el Señor se refirió a los deberes de los clanes y familias de los levitas. El Señor le ordenó a Moisés

> Anoten en una lista a todos los hombres de entre treinta y cincuenta años que cumplan los requisitos necesarios para servir en el tabernáculo (Números 4:3).

Observe que estos hombres debían tener entre 30 y 50 años, no demasiado jóvenes pero tampoco demasiado viejos. A medida que los deberes del tabernáculo y eventualmente del Templo se definieron mejor, no vemos que esta categoría de edad para el servicio haya cambiado. Parece que los levitas entraron en un semi-retiro después de los 50 años y se convirtieron en ancianos que gobernaban por la naturaleza de su experiencia y la sabiduría que esperaban desarrollar al vivir una vida piadosa.

No escribo esto para sugerir que los 50 años es una edad estricta en la que alguien debería retirarse o alejarse del liderazgo o del trabajo significativo. Pero escribo para sugerir que la Biblia reconoce que llega un momento en que los mayores deben reconocer una verdad importante: son viejos y no vivirán para siempre. Entonces deben estar **abiertos y dispuestos** a pasar el manto de la responsabilidad y la autoridad en algún momento a medida que envejecen.

Nadie es dueño de su posición, ya sea que trabaje en una iglesia o en una empresa. Hay una temporada en la que tienen energía y creatividad para cumplir ciertos roles, pero cuando esa energía y creatividad menguan, hay que reconocer que eso sucede. Eso puede suceder cuando alguien tiene 50, 60, o 70 años, pero sucederá. Y cuando suceda, no deben permitir que el miedo los motive a aferrarse a algo por razones egoístas. Vimos esto antes en la vida de David cuando, al final, casi no promovió a Salomón a su lugar legítimo como rey porque David estaba concentrado en sus propias necesidades.

¿Estas abierto al hecho de que un día tus capacidades disminuirán, y es posible que no estés consciente de ello? ¿Tienes alguien que pueda decirte si eso sucede y cuándo? ¿Le facilitarás a la gente que te reemplace, o te aferrarás hasta tener un amargo final? ¿Permitirás que se lastimen tus sentimientos cuando, por el bien de tu familia, tu organización o tu iglesia, otros decidan que es hora de cambiar el papel que has tenido?

La buena noticia es que Dios no ha terminado contigo a medida que envejeces. Permítele que te lleve a nuevas oportunidades donde tu sabiduría y experiencia sean más necesarias y bienvenidas. Los levitas seguían involucrados después de los 50 años; simplemente no llevaban las cargas pesadas. Su temporada en el ministerio tenía límites de mandato. Mientras escribo, tengo un floreciente negocio editorial. Hago trabajo de ayuda social en África. Viajo para hablar y compartir mi sabiduría sobre el propósito de la vida que he reunido a lo largo de los años.

Estoy ocupado y feliz, pero no hago lo que antes hacía como parte de una organización de la iglesia.

Prometo que Dios tiene lo mismo para usted, pero debe enfrentar el hecho de que todo lo que está haciendo o hará tiene límites de mandato y un día tendrá que dejar de hacerlo. Asegúrate de cooperar con ese día y no te opongas a él insistiendo en que los demás honren tus años de vida. Acepta tus limitaciones y continúa sirviendo al Señor en las formas que puedas.

Estudio 23
Una Corona de Esplendor

Voy a terminar este libro de la misma manera que terminé la serie anterior, "Nunca demasiado joven para un propósito", y eso es enfocándome en los libros de sabiduría de la Biblia, de los cuales Proverbios es parte. Los proverbios abordan muchos aspectos de la vida, incluidas las finanzas, el liderazgo, la familia y los negocios, y contrastan específicamente la vida del sabio y su antítesis, el necio. En este capítulo, veamos un versículo que habla a los jóvenes y a los no tan jóvenes:

> La gloria de los jóvenes es su fuerza, y la hermosura de los ancianos es su vejez (Proverbios 20:29).

Mientras escribo, acabo de regresar de un viaje misionero a Kenia con un grupo de 15 personas, de las cuales yo era el miembro más anciano. En un momento dado, plantamos algunos árboles en la inauguración de un edificio y alguien me tomó una foto mientras estaba inclinado, capturando una vista de la parte superior de mi cabeza que usualmente no puedo ver en el espejo. Cuando vi la foto, vi todo el cabello gris y ralo. Otra traducción de Proverbios 16:31 dice que las canas son una corona. Si eso es cierto, entonces estoy luciendo una corona bastante saludable en este momento.

La buena noticia es que teníamos algunos

miembros jóvenes con nosotros o, como me gusta referirme a ellos, "piernas jóvenes". Podían correr y saltar sin cansarse, mientras que los miembros mayores que habían hecho el viaje antes proporcionaban la guía para su energía juvenil. Hicimos un buen equipo no solo por nuestros diversos dones, sino también por nuestras diversas edades.

Puede ser difícil para los ancianos admitir que han perdido un paso, tanto física como mentalmente. No podemos hacer lo que solíamos hacer, o al menos yo no puedo, así que deberíamos dejar de intentarlo y, en cambio, dar a los miembros más jóvenes del equipo y de la familia con más fuerza la oportunidad de sobresalir. Veo esto en el ministerio donde mis colegas ancianos continúan sirviendo, convencidos de que todavía "lo tienen" cuando no es así.

Algunos continúan cobrando un cheque de pago, utilizando recursos del ministerio que podrían y deberían usarse para otras actividades. Sin embargo, la gente ama y respeta a estos líderes, por lo que no hay nadie con el coraje o el corazón para decirles que es hora de no retirarse necesariamente, sino de hacer la transición a un papel diferente. ¿Y qué papel sería ese?

Es el papel del asesor, del entrenador, del mentor. No es el papel del mariscal de campo o el capitán, sino el papel de alguien que se une a los demás para proporcionar una voz de razón y experiencia—el entrenador. ¿Y qué pasa si la organización en la que está alguien con canas no está interesada en su sabiduría y experiencia? Entonces es el momento de que el de pelo gris encuentre una manera de compartir lo que tiene con una nueva audiencia en una organización diferente o a través de las redes sociales o la escritura.

En el 2014, dejé un trabajo bien pagado en una iglesia, haciendo una contribución positiva. Tenía 64 años, pero sentí que era hora de que alguien más joven adquiriera la experiencia que yo ya tenía. No se trataba de quedarme con mi salario (y la iglesia pagaba bien a sus pastores) o aguantar hasta que no pudiera funcionar más. Se trataba de hacerse a un lado y permitir que alguien más joven y con más "fuerza" tuviera la experiencia. Ahora viajo, enseño, escribo y público. Me mantengo ocupado y tuve la oportunidad en este último viaje misionero de compartir mi sabiduría en África con personas que estaban ansiosas por escucharla.

¿Tienes una corona de esplendor, o lo que es lo mismo, tu pelo es gris, representando muchos años de vida? Si es así, ¿está listo para aceptar un nuevo rol, dejando paso a los jóvenes? ¿O tal vez todavía eres joven trabajando con personas mayores? Entonces debes tener en cuenta que necesitas la sabiduría de los ancianos mientras aceptas que tus "piernas jóvenes" serán las que corran la carrera mientras tus mayores te animan. Y, por supuesto, estás dando un paso más cada día más cerca del momento en el que tendrás tu propia corona de esplendor.

Mientras lees esto, debes saber que tu corona de canas está en camino, si es que aún no está aquí. Cuando sea que llegue, debes saber que es hora de que aceptes amablemente el papel que te da la edad, que es animar a los corredores. Los jóvenes y los viejos pueden formar un equipo eficaz, pero sólo si los viejos no fingen ser jóvenes cuando no lo son y los jóvenes no pretenden tener la sabiduría que sólo los años de vida pueden proporcionar.

Estudio 24
Decide Ahora

Al finalizar este libro cuyo tema es 'Nunca demasiado viejo para un propósito', veamos lo que dijo Jeremías, el profeta que Dios envió a su pueblo con una palabra que sería ignorada para su perdición:

"Hizo envejecer mi carne y mi piel; quebrantó mis huesos; Edificó baluartes contra mí, y me rodeó de amargura y de trabajo. Me dejó en oscuridad, como los ya muertos de mucho tiempo" (Lamentaciones 3:4-6).

Al Jeremías reflexionar sobre los años que habían pasado, los versículos anteriores eran su resumen de su condición, que parecía sombría y deprimente. Además, escribió:

"Acuérdate de mi aflicción y de mi abatimiento, del ajenjo y de la hiel; Lo tendré aún en memoria, porque mi alma está abatida dentro de mí; Esto recapacitaré en mi corazón, por lo tanto esperaré" (Lamentaciones 3:19-21).

ientras escribo, estoy sentado en una habitación de hospital con un pariente anciano y tal vez este sería también su testimonio. Están sufriendo físicamente después del final de una vida larga y dolorosa, El problema para esta persona, sin embargo, es que no pueden terminar la historia como lo hizo Jeremías, porque después de todo lo dicho y hecho, Jeremías ofreció esta conclusión:

"Por la misericordia de Jehová no hemos sido consumidos, porque nunca decayeron sus misericordias. Nuevas son cada mañana; grande es tu fidelidad. Mi porción es Jehová, dijo mi alma; por tanto, en él esperaré" (Lamentaciones 3:22-24).

A medida que envejeces, puedes tener fácilmente una gran colección de decepciones, fracasos, errores y recuerdos dolorosos. Entonces tendrás dos opciones de cómo evaluar una vida que tal vez no cumplió con tus expectativas. Puedes estar resentido, enojado o desilusionado, o puedes tomar la posición que tomó Jeremías. Puedes confiar y tener esperanza en el Señor hasta el fin, aunque ese final sea amargo.

Ahora podemos dar gracias a Dios por Jeremías, porque su testimonio y fidelidad han sido un estímulo para los seguidores de Dios durante más de varios milenios. Dios lo hizo pasar por muchas cosas, pero salió victorioso no por el bien de sus contemporáneos, sino por el nuestro. El momento de decidir cómo vas a morir es mientras aún estás vivo, mientras tienes energía y claridad mental. Puedes decidir ser una persona de propósito hasta el final, incluso si Dios te usa como ejemplo para los demás en tus últimos días.

¿Cómo y cuándo morirás? Nadie conoce los detalles, pero podemos decidir las condiciones en las que nos encontramos en este momento. **¿Serás una persona de propósito hasta el final?** Que tú decidas. Los invito a unirse a mí en esa búsqueda mientras buscamos honrar a Dios con *todos* nuestros días, tanto los que tienen vigor juvenil como los que tienen una capacidad disminuida. Cuando decidamos hacer eso, ciertamente demostraremos que nadie es demasiado viejo para un propósito, para que Dios los use (y a nosotros) como Él lo considere conveniente.

Estudio 25
El Tiempo de Morir

Cuando era más joven, leía las palabras de Salomón en Eclesiastés y pensaba que tenía una visión fatalista y pesimista de la vida. Ahora que soy mayor, mi perspectiva ha cambiado: sobre la vida, la muerte y sus palabras. ¿Por qué?, te preguntarás. Para encontrar la respuesta, veamos otra de las conclusiones de Salomón para una última lección de nuestra serie "Nunca demasiado viejo para un propósito". Espero que veas, como yo, cuán sabio era en realidad:

> Todo tiene su tiempo, y todo lo que se quiere debajo del cielo tiene su hora. Tiempo de nacer, y tiempo de morir; tiempo de plantar, y tiempo de arrancar lo plantado; tiempo de matar, y tiempo de curar; tiempo de destruir, y tiempo de edificar; tiempo de llorar, y tiempo de reír; tiempo de endechar, y tiempo de bailar (Eclesiastés 3:1-4).

Ninguno de nosotros va a salir vivo de aquí. Además, mientras estemos aquí, vamos a experimentar lágrimas, reveses, fracasos, que tememos, así como las cosas que amamos, como la familia, el trabajo que disfrutamos y placeres simples como la naturaleza y la comida. Si bien es importante determinar cómo viviremos, también es necesario determinar cómo moriremos. No, no me refiero a la forma en que moriremos, sino a la actitud que tendremos hacia ella.

Mientras culmino, estoy todavía sentado con un pariente mayor. Estoy observando a esta persona procesar su situación actual y se ha preguntado por qué Dios permitiría que esto le sucediera. No estoy juzgando a esta persona, porque me pregunto: ¿Cómo enfrentaría y reaccionaría ante lo que está pasando? ¿Puedo decidir ahora cómo lo haré? He determinado hasta ahora que soy un maestro y he pasado la mayor parte de mi tiempo enseñando a las personas cómo vivir. Ahora debo enseñar a las personas y a las personas más cercanas a mí cómo morir, y gran parte de eso implica una mentalidad que enfrenta la realidad de su mortalidad y la mía. Salomón escribió:

> Dije en mi corazón: Es así, por causa de los hijos de los hombres, para que Dios los pruebe, y para que vean que ellos mismos son semejantes a las bestias. Porque lo que sucede a los hijos de los hombres, y lo que sucede a las bestias, un mismo suceso es: como mueren los unos, así mueren los otros, y una misma respiración tienen todos; ni tiene más el hombre que la bestia; porque todo es vanidad. Todo va a un mismo lugar; todo es hecho del polvo, y todo volverá al mismo polvo. ¿Quién sabe que el espíritu de los hijos de los hombres sube arriba, y que el espíritu del animal desciende abajo a la tierra? (Eclesiastés 3:18-21).

Observa que Salomón "se dijo a sí mismo". Eso significaba que estaba evaluando lo que veía y lo estaba convirtiendo en una filosofía de vida o muerte que sería de beneficio para los demás. ¿Cuál fue su conclusión?

"Así, pues, he visto que no hay cosa mejor

para el hombre que alegrarse en su trabajo, porque esta es su parte; porque ¿quién lo llevará para que vea lo que ha de ser después de él?" (Eclesiastés 3:22).

¿Disfrutas de tu trabajo? ¿Te estás preparando para tu inevitable fin? ¿Cómo lo estás haciendo? ¿Estás pensando en cómo morirás? Ruego que te queden muchos años en la tierra, que esta temporada de tu vida sea un tiempo para vivir para ti y para tus seres queridos. Pero, tarde o temprano, tendrás que afrontar el hecho de que hay un tiempo para morir. No hay mejor manera de prepararse para ese día que dejar un legado de trabajo con un propósito gozoso producido con la vista puesta en la eternidad. Hacer eso te equipará con la filosofía de vida que ha sido el tema de esta serie, y es que nunca serás demasiado viejo para un propósito.

Terminemos con las palabras del salmista en el Salmo 37:25-29:

Joven fui, y he envejecido,
Y no he visto justo desamparado,
Ni su descendencia que mendigue pan.
En todo tiempo tiene misericordia, y presta;
Y su descendencia es para bendición.
^{27} Apártate del mal, y haz el bien,
Y vivirás para siempre.
Porque Jehová ama la rectitud,
Y no desampara a sus santos.
Para siempre serán guardados;
Mas la descendencia de los impíos será destruida.
Los justos heredarán la tierra,
Y vivirán para siempre sobre ella.

Amén. ¡Dios te bendiga mientras le sirves, sin importar cuán viejo o joven seas!

Mantente en Contacto con John W. Stanko

www.purposequest.com
www.johnstanko.us
www.stankobiblestudy.com
www.stankomondaymemo.com
o vía
email at johnstanko@gmail.com

John también realiza un extenso trabajo de ayuda y desarrollo comunitario en Kenia. Puedes ver algunos de sus proyectos en www.purposequest.com/contributions

Purpose Quest International PO Box 8882
Pittsburgh, PA 15221-0882

Títulos Adicionales de John W. Stanko

Ediciones en Español

Cambiando la Manera de Hacer Iglesia

La Vida Es Una Mina De Oro: Te Atreves A Cavarla?

No Leas Estes Libro: (A Menos Que Quieras Convertirte E Un Mejor Líder)

Fuero lo Viejo, Adentro lo Nuevo

Gemas de Propósito

Ven a Adorarlo: Preparándonos para Emmanuel

Ediciones en Inglés

A Daily Dose of Proverbs
A Daily Taste of Proverbs
Changing the Way We Do Church
I Wrote This Book on Purpose
Life Is A Gold Mine: Can You Dig It?
Strictly Business
The Faith Files, Volume 1
The Faith Files, Volume 2
The Faith Files, Volume 3
The Leadership Walk
The Price of Leadership
Unlocking the Power of Your Creativity
Unlocking the Power of Your Productivity
Unlocking the Power of Your Purpose
Unlocking the Power of You
What Would Jesus Ask You Today?
Your Life Matters

Live the Word Commentary: Matthew
Live the Word Commentary: Mark
Live the Word Commentary: Luke
Live the Word Commentary: John
Live the Word Commentary: Acts
Live the Word Commentary: Romans
Live the Word Commentary: 1 & 2 Corinthians
Live the Word Commentary: Galatians, Ephesians, Philippians, Colossians, Philemon
Live the Word Commentary: 1 & 2 Thessalonians, 1 & 2 Timothy, and Titus
Live the Word Commentary: Hebrews
Live the Word Commentary: Revelation

www.ingramcontent.com/pod-product-compliance
Lightning Source LLC
LaVergne TN
LVHW051528070426
835507LV00023B/3358